PLANCHE A TRACER GÉNÉRALE.

DE L'INSTALLATION

*Du très-Séréniſſime , très-Reſpectable & très-Cher Frère ,
LOUIS-PHILIPPE-JOSEPH D'ORLÉANS , DUC
DE CHARTRES , Prince du Sang , en qualité de Grand-
Maître de l'Ordre Royal de la Franche - Maçonnerie en
France.*

PREMIÈRE ESQUISSE.

LE ſecond jour de la cinquième ſemaine du ſixième mois de la préſente année cinq mil ſept cent ſoixante-treize , le grand Orient régulie-
rement aſſemblé en la Chambre d'Adminiſtration, le très-Reſpectable,
très-Vénérable & très - Cher Frère Coi te DE BUZANÇOIS , *Grand
Conſervateur,* occupant l'Orient, & les très-Vénérables Frères PONCET,
Architecte , Vérificateur de la Caiſſe , & GERBIER , *troiſième Expert de
ladite Chambre ,* occupant l'Occident , en l'abſence des très -Vénérables
Frères ſurveillans; l'indiſpenſable néceſſité de préſenter au *très - Séréniſſime , très-Reſpectable & très-Cher Frère* LOUIS - PHILIPPE - JOSEPH
D'ORLÉANS , DUC DE CHARTRES , *Grand-Maître ,* le Corps complet
des opérations de la Grande Loge Nationale , depuis l'époque du cinquième jour de la première ſemaine du premier mois de la préſente
année , juſqu'à ce jour , fut vivement repréſentée. En conſéquence, le

A

T. R. T. V. & T. C. F. Comte de Buzançois, G. C. les T. R. F.
Chevalier de Luxembourg, *Premier Grand Surveillant*, de la
Chevalerie, *Grand Orateur*, & le très-Vénérable Frère Baron de
Toussainct, *Secrétaire Général*, furent chargés de la Députation du
Grand-Orient à cet effet ; mais ces Frères ne purent s'acquitter de leur
commission, comme ils le desiroient.

Seconde Esquisse.

La naissance de Son Altesse Sérénissime Monseigneur le Duc de
Valois, Fils unique, & premier-né du très-Sérénissime *Grand-Maître*,
intéressoit trop particulièrement le Grand-Orient, pour qu'il ne s'em-
pressât point à témoigner à son premier Chef la part qu'il prenoit à cet
heureux événement. Le très-Vénérable Frère *Secrétaire Général* fut
chargé par le très-Illustre, très-Respectable & très-Cher Frère Duc
de Luxembourg, *Administrateur Général*, d'inviter les Officiers
d'honneur, les Présidens & Orateurs des trois Chambres de se trouver
le quatrième jour de la seconde semaine du huitième mois, chez le
T. V. F. de Mery Darcy, *Président de la Chambre d'Administration*,
à dix heures du matin, pour aller en corps complimenter, au nom de
l'Ordre, le T. S. *Grand-Maître*, sur la naissance heureuse du Duc de
Valois, lui présenter l'hommage du Peuple Maçon, & le corps complet des opérations de la Grande Loge Nationale. Les F. convoqués se
rendirent à l'heure & au lieu indiqués ; mais le très-Illustre *Administrateur Général*, y étant arrivé, annonça aux Députés du Grand-Orient que
le *Grand-Maître* ne pouvoit les recevoir, & les prioit de remettre leur
visite au lendemain, à la même heure.

Troisième Esquisse.

Les Frères de la Chevalerie, Chevalier Destours, de Mery
Darcy, Abbé Rozier, Baron de Toussainct, Hue de Breval,
Comte de Stroganoff, Gardane, de la Fage, le Roi & Lucadou
se rendirent exactement chez le Frère de Mery Darcy, à dix heures
du matin. Ils y ouvrirent leurs travaux ; le T. R. F. de la Chevalerie
occupant l'Orient, & les T. V. F. Comte de Stroganoff, & de la
Fage, occupant l'Occident. Le T. R. F. de la Chevalerie, avant

de se mettre en mouvement pour se rendre chez le T. S. *Grand-Maître,* suspendit les travaux , & les remit en activité en son Palais, en sa présence, & de son agrément. Le T. R. *Grand Orateur* lui adressa le Discours suivant :

» *SÉRÉNISSIME GRAND - MAîTRE ,*

» Si tous les bons François ont voué un inviolable amour aux Princes » du sang de leurs Rois , si la Nation entière prend la part la plus vive » aux biens que leur départ le sort, quelle ardente émotion, quelle joie » ineffable ne ressentent pas en ce moment ceux d'entre ses Citoyens qui » se sont voués à la pratique de la vertu, qui ont élu VOTRE ALTESSE » SÉRÉNISSIME pour *Grand-Maître*, & à qui vous avez permis de l'ap- » peler leur Frère?

» Le Grand Architecte vient de vous accorder un Successeur; tous nos » cœurs ont partagé ce bienfait, vous daignez nous admettre à vous en » féliciter. Croyez, TRÈS-SÉRÉNISSIME FRÈRE, qu'il n'est aucun de nous » qui ne sacrifiât son héritier, qui ne se sacrifiât lui-même , pour vous » conserver ce précieux rejeton du sang qui nous est le plus cher.

» Nous allons faire part à toutes les Loges régulières de l'Orient de » France de cet événement fortuné ; les retraites où sont renfermées les » sources de la vertu, vont retentir de cris d'alégresse , & l'Orient de » cette Capitale en donnera le signal , avec un zèle digne du motif.

» Mais il est un autre bien qui dépend de vous, SÉRÉNISSIME GRAND- » MAîTRE, que tous les Maçons desirent ardemment, qu'ils vous deman- » dent par ma voix ; les Grands Officiers de l'Ordre brûlent du desir de » renouveler en vos mains la double obligation de vous servir éternelle- » ment , & d'être éternellement attachés à l'Ordre ; les Officiers en » exercice, celle de régir avec une fidélité & une équité inviolables l'ad- » ministration qui leur est confiée en votre Auguste Nom , & dont leur » Orateur, va le premier, vous rendre hommage; tous les Maçons enfin, » celle de vous présenter le tribut de leurs cœurs.

» Daignez donc, SÉRÉNISSIME GRAND-MAîTRE, fixer le jour heureux » de votre installation , & décorer l'Ordre Royal de tout l'éclat dont le » zèle , la pureté & la sublimité de ses travaux le rendent digne »,

Le *très-Sérénissime Grand - Maître* remercia le *Grand Orateur*, & le

T. V. F. GARDANE, *quatrième Expert de la Chambre d'Adminiſtration,* *& Subſtitut de ſon Orateur,* adreſſa au *Grand-Maître* le Diſcours ſuivant:

» *T. C. T. R. T. V. & SÉRÉNISSIME GRAND-MAÎTRE,*

» Les Maçons du Grand Orient de France, informés de l'heureux »accouchement de S. A. S. Madame la Ducheſſe DE CHARTRES, s'em-»preſſent d'exprimer le ſentiment de la joie ſincère dont ils ſont pénétrés. »Jaloux de vous avoir pour Chef & pour appui, ils n'ont pu apprendre, »ſans la ſatisfaction la plus vive, la naiſſance d'un Prince, dans lequel »la France doit admirer un jour vos vertus, & les Maçons, retrouver le »zélé Protecteur dont ils ſont éclairés par la plus grande lumière de leur »Ordre.

» Ce jour, T. C. T. R. T. V. & S. GRAND-MAÎTRE, eſt encore »celui où les Statuts réſultans des opérations libres des Députés réunis »de toutes les Loges régulières de France, vont recevoir leur Sanction »dernière, par l'aveu qu'en fera votre Alteſſe Séréniſſime, en les accep-»tant. Si jamais hommage ne fut plus pur, jamais il ne fut fait ſous de »plus heureux auſpices. Les Maçons empreſſés attendent le dernier ſi-»gnal, pour reprendre avec une nouvelle ardeur les travaux de leurs »Loges reſpectives.

» Daignez, T. C. T. R. T. V. & S. GRAND-MAÎTRE, recevoir, »avec ce dépôt précieux du véritable eſprit Maçonique, les vœux ſincères »que nous formons pour les Auteurs des jours d'un enfant cher à la Na-»tion, & ne douter jamais du zèle, de l'amour & du reſpect que tous »les vrais Maçons vous jurent par mon organe ».

Le *Séréniſſime Grand-Maître* applaudit à ce Diſcours.

Le T. V. F. Baron DE TOUSSAINCT lui préſenta le corps complet des opérations de la Grande Loge Nationale, depuis le 5 Mars dernier, enſemble la circulaire du 26 Juin, & les quatre Chapitres des Statuts Généraux du Grand Orient de France. Le T. S. *Grand-Maître* a ap-prouvé toutes ces opérations, & celles qui les ont ſuivies juſqu'à ce jour; a promis ſa protection à l'Ordre, & particulièrement de donner ſon jour pour ſon inſtallation, au retour d'un voyage qu'il étoit con-traint de faire à Fontainebleau. Les Frères DE LA CHEVALERIE, DES TOURS, *Grand Tréſorier,* & le Comte DE STRAGANOFF, *Premier*

Expert de la Chambre d'Administration, furent à l'inftant chargés de prendre les ordres du *Séréniffime Grand-Maître* le Mardi fuivant.

Ces heureux travaux furent ainfi achevés. Le T. R. F. DE LA CHEVA-LERIE ferma la Loge, en préfence, & de l'agrément du *Séréniffime Grand-Maître*, qui joignit fes applaudiffemens à ceux des Députés.

Penétrés de la plus vive reconnoiffance, & animés de la joie la plus pure, les Députés du Grand Orient fe retirèrent chez le T. V. F. DE MERY DARCY, où ils deffinèrent la planche à tracer de leur opération; elle fut fignée le lendemain par le *Séréniffime Grand-Maître*.

QUATRIÈME ESQUISSE.

Le fecond jour de la femaine fuivante, les Frères DE LA CHEVALE-RIE, DES TOURS & Comte DE STROGANOFF fe rendirent chez le *Séréniffime Grand-Maître*, à l'effet de prendre fes ordres pour fon inftallation. Il jugea à propos de la fixer au Vendredi vingt-deux du courant, à midi. Les trois Députés conftatèrent dans une planche à tracer le fuccès de leur députation, & la confignèrent fur le champ au Grand Orient.

CINQUIÈME ESQUISSE.

Le cinquième jour de la même femaine, conformément aux inf-truétions données par le *Séréniffime Grand - Maître* aux Députés du Grand Orient de France, le Grand Orient de France extraordinairement & régulièrement convoqué & affemblé fous le point géométrique, connu des feuls vrais Maçons, à l'Orient de Paris, en la maifon dite *la Folie-Titon*, rue de Montreuil, Fauxbourg S. Antoine, dans un vafte édifice, revêtu par le myftère, & tendu d'une étoffe couleur de feu, ornée de feftons, franges & crépines, du métal le plus pur & le plus éclatant, éclairé du nombre parfait de quatre - vingt - une étoiles, repréfentant le Peuple Maçon, & de foixante-fix, repréfentant le nom-bre complet des Officiers du Grand Orient. Toutes ces étoiles, fufpen-dues à des criftaux, étoient difpofées fuivant les nombres myftérieux connus des vrais Maçons.

Les trois principales Etoiles étoient foutenues chacune par un grouppe de criftal à cinq branches, faifant allufion au nombre des

Officiers dont chacune des Chambres de l'Adminiſtration eſt compoſée ; ces grouppes étoient ſupportés par des piédeſtaux de pur métal
de ſept pieds de hauteur, repréſentant les trois colonnes myſtérieuſes
qui ſervent de fondement à tous nos édifices ; deux étoient placés à
l'Orient, & le troiſième à l'Occident du côté du midi.

L'Orient étoit décoré en velours cramoiſi, noué de feſtons, franges,
& crépines, ſemé de fleurs de lys de pur métal, & ſurmonté d'une
étoile flamboyante, chargée au centre de la lettre myſtérieuſe du
ſecond grade ſymbolique.

Un ſoleil couchant au naturel dardoit ſes rayons expirans ſur
l'Occident. La voûte de l'Edifice étoit d'azur, parſemée d'étoiles au
naturel, & bordée d'une houppe dentelée de pur métal. Le pavé étoit
couvert d'un tiſſu oriental, & les degrés de l'Orient, de ſept carreaux
de velours cramoiſi, chargés de feſtons, franges & glands de pur
métal.

A l'Orient, du côté du Midi, étoit la table du Grand-Orateur,
revêtue d'un tapis de velours cramoiſi, entouré de pur métal. Vis-à-
vis, du côté du Nord, étoit une table pareille pour le Sécretaire
Général.

L'Orient étoit garni de fauteuils pour les Officiers d'honneur, &
le contour de la galerie de banquettes pour les Officiers en exercice.

Les fauteuils & les banquettes étoient en velours cramoiſi, bordés
de franges & ornés de feſtons de pur métal.

C'eſt dans cet aſyle reſpectable, qu'animés de la joie la plus
vive, les Députés du grand Orient ſe ſont réunis & rangés dans l'ordre
ſuivant ; tous revêtus de couleur de feu & du plus pur métal, habillés
& armés de leurs outils, pour les plus précieux travaux.

A L'ORIENT.

LE TRÈS-ILLUSTRE ADMINISTRATEUR GÉNÉRAL

LE FRERE DUC DE LUXEMBOURG.

COLONNE DU NORD.

Le T. R. F. Duc DE LAUZUN, *second grand Surveillant.*

Le T. R. F. Comte DE PERIGNY, *grand Hospitalier.*

Le T. V. F. Baron DE TOUSSAINCT, *Sécretaire Général, (hors de ligne en dedans des colonnes).*

Le R. F. Prince ADAM CZARTORYSKY, *Visiteur.*

Le T. V. F. GARDANE, *quatrième Expert de la Chambre d'Administration, Substitut & faisant les fonctions de l'Orateur de ladite Chambre.*

Le T. V. F. LUCADOU, *second Expert de la Chambre des Provinces, Substitut & faisant les fonctions de l'Orateur de ladite Chambre.*

Le T. V. F. PYRON, *Secrétaire de la Chambre des Provinces.*

Le T. V. F. BRUNETEAU, *Trésorier.*

Le T. V. F. Chevalier DE FREAUGER - DIGNEAUCOURT, *Troisième.*

Le T. V. F. Abbé JOSSOT, *quatrième.*

Le T. V. F. DESAINT, *sixième.*

Le T. V. F. LAMARQUE l'AMÉRICAIN, *huitième.*

} Experts de la Chambre des Provinces.

Le T. V. F. DE CARBONNEL, *Second Officier Honoraire.*

Le T. V. F. HUE DE BREVAL, *Garde des Sceaux & Timbre, faisant les fonctions de Maître des Cérémonies.*

Le T. V. F. Chevalier DE BEAUMONT, *neuvième Expert de la Chambre des Provinces, faisant les fonctions de second Surveillant.*

COLONNE DU MIDI.

Le T. R. F. Chevalier DES TOURS, *Grand-Trésorier.*

Le T. V. F. DE MERY D'ARCY, *Président de la Chambre d'Administration, faisant les fonctions de grand Héraut-d'Armes.*

Le T. R. F. BACON DE LA CHEVALERIE, *Grand-Orateur, (hors de ligne en dedans des colonnes).*

Le T. V. F. DE LA FAGE, *second Surveillant de la Chambre de Paris, faisant les fonctions de Président de ladite Chambre.*

Le T. V. F. Abbé ROZIER, *Président de la Chambre des Provinces.*

Le T. V. F. LEROI, *Orateur de la Chambre de Paris.*

Le T. V. F. MORIN, *Secrétaire de la Chambre de Paris*

Le T. V. F. PONCET, *Architecte, Vérificateur de la Caisse.*

Le T. V. F. MARIETTE, *premier.*

Le T. V. F. MANGEAN, *second.*

Le T. V. F. JOUBERT DE LA BOURDINIERE, *troisième.*

Le T. V. F. BAUDSON, *quatrième.*

Le T. V. F. THEAULON, *septième.*

Le T. V. F. MARIE, *neuvième.*

} Experts de la Chambre de Paris.

Le T. V. F. Comte DE STROGANOFF, *premier Expert de la Chambre d'Administration, faisant les fonctions de premier Surveillant.*

A midi, le *très-Illustre Administrateur-Général* a ouvert les travaux, & député le T. R. F. Duc de Lauzun, & les T. V. F. Gardanne & Hue de Breval, pour aller avertir le *S. Grand-Maître* que les Ouvriers étoient à l'Attelier.

Dans cet intervalle, le R. F. Prince Adam Czartorysky, *Lieutenant-Général de Pologne, Colonel des Gardes de Lithuanie, Chevalier des Ordres de l'Aigle-Blanc*, &c. s'étant présenté, a été reconnu, introduit en qualité de *Visiteur*, & placé à la droite du T. V. F. *Secrétaire-Général*.

Le *très-Sérénissime Grand Maître* s'étant fait annoncer, le *très-Illustre Administrateur-Général* a député les T. V. F. Poncet, Bruneteau, de la Fage, le Roy et Morin, pour le reconnoître ; ces frères, l'ont introduit & conduit sous la voûte d'acier, jusqu'aux degrés de l'Orient, où le *très-Illustre Administrateur-Général* a reçu son obligation, lui a donné le baiser de paix, présenté le premier maillet, & l'a installé. Le T. V. F. de Mery d'Arcy s'est armé du glaive flamboyant de l'Ordre ; le T. R. F. Duc de Lauzun, du maillet de premier surveillant, & le T. V. F. Comte de Stroganoff, de celui de second surveillant ; &, après les acclamations & les applaudissemens les plus sincères & les plus réguliers, le *très-Illustre Administrateur-Général* a renouvelé entre les mains du *T. S. Grand-Maître*, l'obligation qu'il avoit prêtée au grand Orient, & lui a fait le compliment suivant.

„ *Très-Respectable Grand-Maitre.*

„ Vous venez, dans la cérémonie la plus imposante, de resserrer „ les liens qui nous unissent à vous, & contracter avec vos frères un „ engagement qui vous attache à un ordre dont vous êtes la première „ lumière ; vous devez écarter d'un Temple où vous présidez, tout ce „ qui pourroit en affoiblir la stabilité ou la gloire ; l'humanité, la vertu, „ l'amour des devoirs en sont les sentiers, & votre sagesse commande „ au cœur & à la volonté. Cet empire étoit réservé à un Prince „ aimable & chéri.

„ Flatté de vous avoir initié dans nos mystères, il m'étoit dû de „ vous inaugurer, & de vous installer parmi nous. Dirigez nos travaux,
„ soyez-en

» foyez-en le protecteur, & daignez ne jamais oublier l'hommage
» tendre & fincère que je vous confacre dans ce moment, au nom du
» Peuple Maçon, & que mon cœur répète avec le plus grand plaifir. «

Le T. R. F. *Grand Orateur* a adreffé au *Séréniffime Grand-Maître le*
Difcours fuivant.

T. P. T. A. T. S. GRAND-MAÎTRE,

« Le vœu de tous les Maçons s'eft fait entendre . vous l'exaucez
» aujourd'hui ; puiffe cet événement heureux, tant defiré, faire époque
» dans la poftérité Maçonne, comme il la fera à jamais dans le cœur des
» Ouvriers qui rempliffent en ce jour nos Atteliers !

» Votre Augufte Prédéceffeur, après avoir fait fleurir nos travaux
» pendant de longues années, les avoit négligés dans les derniers tems
» de fa vie. Que de maux n'en ont pas réfulté dans cette Capitale ? Des
» Manœuvres, peu dignes de notre Art, s'y font introduits baffement ,
» & font parvenus par degrés à s'ériger des places & des droits qu'ils
» vouloient étendre fur tout l'Orient de la Nation. Ils ont mercenaire-
» ment livré la connoiffance de nos myftères, & réduit par cette profti-
» tution les vrais Maçons à la néceffité de fufpendre leurs travaux, de
» cacher leur titre de Frères, avec autant de foin qu'ils avoient autrefois
» de plaifir à fe faire reconnoître pour tels. Ce fléau commençoit même
» à envelopper nos Provinces, & la Maçonnerie de France devenoit
» l'objet du mépris des Oriens Etrangers.

» Dans cet état affligeant , & prefque défefpéré, la mort nous a
» enlevé le *Séréniffime Frère Comte* DE CLERMONT. Ses titres vous ont
» été tranfmis ; tous les vrais Maçons s'étant réveillés, la voix de la Nation
» entière vous a élu pour fon Succeffeur, vous avez accepté la grande
» Maîtrife, & l'Art Royal a reparu dans tout fon éclat.

» Vous vous êtes impofé la loi, SÉRÉNISSIME GRAND-MAÎTRE, de
» protéger un Ordre libre, quant aux préjugés , mais efclave de fon
» cœur dont il vous a fait hommage.

» Cet Ordre a bien fenti le poids de fa propre obligation. Il falloit
» juftifier la faveur infigne de continuer fes travaux en votre augufte nom,
» fous vos précieux aufpices, & fur-tout de vous nommer du doux nom
» de Frère.

B

„ Son premier soin a donc été de remplir l'objet important d'écar-
„ ter les Membres impurs dont il étoit infecté, de rappeler dans son
„ sein les Membres choisis qui s'en étoient éloignés, & d'employer les
„ moyens les plus sûrs pour qu'il ne s'introduisît pas d'abus à l'avenir.

„ Pour y parvenir, l'administration a été divisée en trois chambres,
„ de la première desquelles découlent les travaux dans les deux autres,
„ qui les y font refluer à leur tour, pour en distribuer la notoriété à
„ tous les Oriens du monde.

„ Leur formation se fait à la pluralité des voix, leur exercice est de
„ trois années.

„ Il a été créé pour protéger, éclairer, présider leurs travaux, des
„ Officiers d'honneur, qui, servant de perpétuelle communication entre
„ vous & l'Ordre, vous seront garants de sa régularité; & pour vous
„ témoigner son attachement, son respect & sa reconnoissance, l'Ordre,
„ Sérénissime Grand-Maître, vous a déféré leur nomination. Ils seront
„ vos Officiers, les modèles, comme les Juges de l'honneur, & les
„ colonnes immuables de nos édifices.

„ Mais si depuis plusieurs soleils, vos chambres d'Administration
„ travaillent à rendre leurs œuvres dignes de leur Auguste Chef; si elles
„ ont rempli ce sublime projet, sera-ce en vain qu'elles auront nourri
„ dans leur ame, l'espoir de la plus douce récompense? Non, S. Grand-
„ Maître, vous ne les en priverez pas. Des motifs sages vous ont
„ fait nous prescrire le petit nombre qui vient de recevoir votre obliga-
„ tion, qui vient de déposer dans votre sein fraternel celle de tout
„ l'Ordre, mais votre cœur ne se refusera point aux vœux des Chambres
„ d'Administration, d'obtenir de votre bouche, le sceau de son approba-
„ tion. Chacune est dans ce moment à l'Attelier, & flotte entre l'espé-
„ rance & la crainte. C'est leur donner une nouvelle vie que de les faire
„ jouir de l'un de vos regards. Que dis-je? Ce trait de bonté tient peut-
„ être à l'obligation que vous avez contractée. Vérifier les travaux des
„ Chambres, c'est les légitimer, c'est imposer à tout l'Ordre la Loi de
„ les reconnoître. Chaque Chambre n'est composée que du nombre
„ mystérieux que vous avez prescrit aux Députés de l'Ordre. “

„ Vous êtes né Bourbon: l'hommage de l'esprit n'est pas digne à vos

» yeux d'entrer dans la balance avec celui du cœur. J'aurois pu,
» S. Grand-Maître, m'étendre fur les belles qualités qui vous dé-
» corent ; mais des Frères, des Maçons, chériffent & ne louent point.

» Les circonftances ont exigé que tous les Officiers de l'Ordre fuffent
» nommés, S. Grand-Maître, avant votre inftallation. Le *très-*
» *Illuftre Adminiftrateur* qui préfida, vivifia nos travaux avec un zèle
» digne de Vous, & qui lui mérite à jamais la reconnoiffance de
» l'Ordre, pourvut à la nomination des Officiers d'honneur ; Vous
» paroiffez, leurs fonctions ceffent ; Vous entrez dans tous vos droits.

» On avoit cru pouvoir confier à mes foibles talens l'Office de *Grand-*
» *Orateur.* Je chérirai toujours un choix qui m'a mis à portée de vous
» adreffer le premier les vœux de mes Frères. Etre garant envers vous
» de leur pureté, c'eft le plus beau jour de ma vie. La Nature en me
» refufant les dons dignes d'un fi bel emploi, m'a donné une ame qui
» fait bien l'apprécier.

» Je vous rends un dépôt au-deffus de mes forces & conferverai
» éternellement le fentiment qui put feul me le mériter. «

Le *Séréniffime Grand Maître* a confirmé la nomination des Officiers
d'honneur, & a reçu leur obligation en cette qualité, le T. R. G. *Ora-*
teur l'a prononcée en leurs noms, & a préfenté les Statuts généraux
au *Séréniffime Grand-Maître* qui a fait mettre en marge de la page
trente-cinq ce qui fuit.

« Nous confirmons & approuvons les préfens Statuts & Réglemens,
» pour être exécutés par toutes les Loges dans toute l'étendue du globe
» François Maçon, le 22 Octobre 1773. »

Le *très-Séréniffime Grand-Maître* a figné ce Mandat confirmatif,
F. L. P. J. d'Orléans, avec paraphe ; au-deffous fon Secrétaire particulier pour les affaires Maçoniques, a écrit, « par Mandement du
» *très-Séréniffime Grand Maître,* » & a figné Gardane, avec paraphe.

Le *très-Séréniffime Grand Maître,* après avoir remercié le grand
Orient, en a fermé les travaux & figné la planche à tracer, à laquelle il a ordonné d'appofer fon fceau, & permis d'en décorer de
même tous les actes du grand Orient, qui en étoient & feroient fuf-
ceptibles, aux defirs des Statuts & Réglemens de l'Ordre.

B ij

Sixième Esquisse.

Le grand Orient s'eſt ſéparé. Les Députés des Chambres ont été ſe réunir à leurs atteliers. Le *très-Illuſtre Adminiſtrateur-Général* & les Officiers d'honneur ſont demeurés auprès du *Séréniſſime Grand Maître*. Le T. R. F. Comte de Perigny, s'eſt armé du glaive flamboyant de l'Ordre.

Le *Séréniſſime Grand-Maître*, précédé du T. R. F. Comte de Perigny & ſuivi du *très-Illuſtre Adminiſtrateur-Général* & des Officiers d'honneur, s'eſt préſenté à la Chambre d'Adminiſtration.

Cette chambre étoit couleur de feu, ornée de feſtons & de franges de pur métal ; ſon Orient étoit ſurmonté d'un baldaquin de moire des deux métaux les plus parfaits, garni de crépines, couvert d'un tapis de velours cramoiſi, enrichi de feſtons & de franges de pur métal, ainſi que la table du Secrétaire à ſa droite. Le tout éclairé de vingt-une étoiles, ſuspendues à des criſtaux diſpoſés myſtérieuſement, dans l'ordre des nombres qui nous ſont connus ; ces vingt-une étoiles faiſoient alluſion aux vingt-une lumières dont la Chambre d'Adminiſtration étoit compoſée.

Le *T. S. G. M.* y a été reconnu ; le très-V. F. de Mery Darcy, Préſident, lui a préſenté le premier maillet à la porte de ſa chambre ; le *Séréniſſime Grand Maître* l'a accepté, & a été conduit ſous la voûte d'acier à l'Orient qu'il a occupé. *Les T. V. F. Comte de Stroganoff & Poncet éclairoient l'Occident.* Le T. V. F. Gardane, en ſa qualité de *Subſtitut de l'Orateur*, lui a adreſſé le diſcours ſuivant.

" Très-Respectable Grand-Maitre.

« Les Maçons doivent ce jour heureux à l'éclat de votre lumière. La » Chambre d'Adminiſtration travaille enfin en votre préſence. Quel » encouragement pour le zèle de chacun de ſes membres! Occupés à » recevoir les demandes & les plaintes de tous les Maçons du Royau- » me, ils les diſtribuent aux deux autres Chambres pour les examiner » & y répondre. L'expédition de ces pièces leur eſt enſuite renvoyée ; » ils ſont les dépoſitaires des ſceaux, ils adminiſtrent la finance de

» l'Ordre & toutes leurs opérations se font au nom du grand Orient,
» duquel elles émanent d'une manière particulière. »

» L'Orateur de cette Chambre, dont j'ai été nommé Subſtitut, regret-
» tera ſans doute la rare faveur de vous avoir complimenté : à mon tour
» j'ai le regret de n'avoir qu'un foible organe pour exprimer les trans-
» ports de reſpect, de joie & de reconnoiſſance des Maçons ici réunis.

» Un motif non moins preſſant m'anime ; vous n'avez pas dédaigné
» de me voir à votre ſuite, lorsque vous fûtes initié dans l'art royal.
» Inſtruit à peu près dans les mêmes-tems de nos redoutables myſtères,
» je me ſuis fortifié, ſous vos auſpices, dans l'exercice de ce même art.
» Enfin vous arrivez à la place que votre naiſſance, votre rang & vos
» vertus vous avoient préparée, & mon heureux deſtin m'amene encore
» ſur vos pas pour être le dépoſitaire de vos ſecrets maçoniques.

» Mon cœur s'attendrit à la vue de ce bienfait dû à vos bontés ; il
» voudroit vous dire tout ce qu'il ſent, mais ma bouche le ſerviroit
» mal, & la véritable expreſſion du ſentiment eſt le ſilence. «

Le *très-Séréniſſime Grand Maître* a applaudi à ce discours, a décoré de ſa ſignature & de ſon ſceau les Lettres d'érection de la
Chambre & ſa planche à tracer, a remis le maillet au T. V. F. de
Mery Darcy, & a preſcrit à la Chambre d'adminiſtration de l'ac-
compagner, les travaux toujours en action.

S E P T I È M E   E S Q U I S S E .

Le *Séréniſſime Grand Maître* a continué ſa marche dans le même
ordre ; la Chambre d'adminiſtration ſuivant les Officiers d'honneur,
il s'eſt préſenté à la Chambre de Paris.

Cette Chambre étoit de couleur vierge, & toutes ſes décorations
bordées de houppes dentelées cramoiſi, ornées de guirlandes & de
franges de pur métal. Elle étoit éclairée comme la Chambre d'Adminiſtration.

Le T. S. *Grand Maître* y a été reconnu & reçu avec les mêmes
cérémonies que dans la Chambre d'Adminiſtration. Le T. V. F. de la
Fage, faiſant les fonctions de Préſident, lui a préſenté le premier
maillet qu'il a accepté & tenu à l'Orient. Les T. V. F. Mariette &
Mangean occupoient l'Occident.

Le T. V. F. Leroi, *Orateur* de la Chambre de Paris, lui a adreſſé le discours ſuivant.

» *S. T. P. T. R. Grand-Maitre.*

« Le Corps National nous a confié la direction de la Capitale ; la
» Maçonerie y flottoit avilie dans un chaos immenſe de Loges & de
» Maçons ; c'eſt ſur nos ſoins qu'elle ſe repoſe pour la débarraſſer de
» tout ce qu'elle avoit d'impur ; nous repouſſons de ſon ſein les ſociétés
» indécentes ; nous y replaçons les Maçons honnêtes ; nous rallumons
» leur ardeur , nous leur imprimons le caractère de la régularité , nous
» en formons un corps purifié au creuſet du déſintéreſſement , & digne
» d'exiſter ſous vos heureux auſpices. Pour encourager nos efforts, vous
» daignez confirmer notre miſſion du ſceau de votre autorité ; ce jour
» à jamais mémorable dans les faſtes de la Maçonerie , devient celui
» de notre gloire ; vous honorez nos travaux de votre préſence ; vous
» les fortifiez de votre approbation. Il n'y avoit qu'elle qui pût feconder
» notre zèle , il n'y avoit qu'elle qui pût réaliſer le projet important qui
» nous occupe , celui de faire renaître & de perpétuer dans cet Orient
» la paix, l'harmonie & la majeſté que doit aſſurer à notre Ordre le
» précieux avantage de vous avoir pour Chef. Permettez-nous , Très-
» Respectable Grand-Maître, de profiter de l'inſtant où nous avons
» le bonheur de vous voir préſider nos travaux , pour renouveler en
» vos mains l'obligation écrite dans nos cœurs , d'y conſerver à jamais
» pour votre auguſte perſonne le plus inviolable, le plus reſpectueux &
» le plus fraternel dévouement. »

Le *très-ſéréniſſime Grand Maître* a applaudi à ce discours , a décoré de ſa ſignature & de ſon ſceau les lettres d'érection & la planche à tracer de cette Chambre, en a remis le maillet au T. V. F. la Fage , & a preſcrit à la Chambre de Paris de le ſuivre ſes travaux reſtant en activité.

Huitième Esquisse.

Le *Séréniſſime Grand Maître* a pourſuivi dans le même ordre le cours de ſes opérations ; la Chambre de Paris ſuivant la Chambre d'adminiſtration , il s'eſt préſenté à la Chambre des Provinces,

Cette Chambre étoit de la couleur des Elus. Toutes ſes décorations bordées de houppes dentelées cramoiſi , ornées de guirlandes & de franges de pur métal. Elle étoit éclairée comme les deux précédentes.

Le *T. S. G. M.* y a été reconnu & reçu avec les mêmes cérémonies que dans la Chambre de Paris. Le T. V. F. Abbé ROZIER , Préſident , lui a préſenté le premier maillet ; il l'a accepté & a occupé l'Orient. Les T. V. F. LA MARQUE l'Américain , & le Chevalier DE BEAUMONT éclairoient l'Occident.

Le T. V. F. LUCADOU , faiſant les fonctions d'Orateur , lui a adreſſé le discours ſuivant.

» *TRÈS-SÉRÉNISSIME GRAND-MAITRE.*

« Les Maçons ignorent l'art de louer. Amis de la vérité , elle eſt
» ſur leurs levres comme dans leurs cœurs , & leur expreſſion eſt celle du
» ſentiment que vous leur inſpirez. Votre préſence, SÉRÉNISSIME GRAND-
» MAÎTRE , eſt la baſe de cette joie pure, de cette vive alégreſſe que vous
» voyez éclater de toute part. Le Maçon vous nomme ſon Chef & il eſt
» heureux. Sous vos auſpices l'Art Royal va reprendre ſa première ſplen-
» deur ; & les Maçons des Provinces que nous repréſentons , vous de-
» mandent, SÉRÉNISSIME GRAND MAÎTRE , à renouveler dans vos mains
» les obligations qui les uniſſent à jamais à l'Ordre reſpectable dont vous
» êtes le Chef, & dont vous faites la gloire & les délices. »

Le *très-ſéréniſſime Grand-Maître* a applaudi à ce discours, a décoré de ſa ſignature & de ſon ſceau les lettres d'érection & la planche à tracer de cette Chambre, a reçu la nouvelle obligation des Officiers des trois Chambres par la voix de leurs Préſidens, tous les Frères étant à l'ordre ; après avoir applaudi à leur zèle , il en a fermé tous les travaux , en preſcrivant de joindre les cinq discours qui lui ont été adresſés à la préſente planche à tracer générale de ce jour, qu'il a revêtue de ſa ſignature & de ſon ſceau.

NEUVIÈME ESQUISSE.

Le même jour à quatre heures après-midi, les Commiſſaires nommés par les différentes Chambres de l'Adminiſtration du grand Orient de France, à l'effet de travailler aux Réglemens, se sont assemblés au même lieu; les travaux ont été régulièrement ouverts; le T. R. F. DE LA CHEVALERIE tenant le maillet à l'Orient, & les T. V. F. Comte DE STROGANOFF & le Chevalier de BEAUMONT à l'Occident; il a été arrêté qu'à l'avenir dans l'étendue de toute la Jurisdiction Maçonnique du grand Orient de France, il ne seroit fait usage d'aucuns termes usités au Palais & dans les Tribunaux de la Justice Civile, notamment de ceux de *Procès-verbal*, de *plumitif*, &c. auxquels deux particulièrement ont été substitués, ceux de *planche à tracer*, au lieu de *procès-verbal*, & *esquisse* au lieu de *plumitif*, & que les matières seroient désormais traitées en style historique ou de simple narration, le T. V. F. *Secrétaire Général*, chargé d'en informer toutes les Loges de la correspondance, & de les engager à se conformer à cette sage loi.

Le T. V. F. *Secrétaire Général* a donné lecture du tableau de la planche à tracer, contenant l'installation du *sérénissime Grand Maître*. Le T. R. F. *Grand Orateur* en a fait la proclamation; & successivement répétée par les *Surveillans*, elle a été suivie d'un triple applaudissement, & le T. V. F. *Secrétaire Général* a été chargé d'en envoyer copie à toutes les Loges de la correspondance.

Le *très-respectable Frère Grand Orateur*, prévoyant tous les inconvéniens qui pourroient résulter du défaut de précaution, pendant la tenue du Banquet solennel du grand Orient, a proposé de reconnoître Maçoniquement tous les Frères qui étoient dans le parvis, & qui se proposoient d'assister aux travaux du soir.

Sa proposition a été reçue avec applaudissement; les T. V. F. GARDANE, LEROI & PYRON ont été chargés de recueillir soigneusement les lettres d'invitation adressées à différens Frères, tant par le T. V. F. *Secrétaire Général*, que par les *Secrétaires* particuliers des Chambres. Quelque tems après, ces trois Frères ont rapporté les lettres d'invitation, & annoncé que les Frères qui en étoient porteurs étoient aux portes de l'attelier, & demandoient à partager les travaux.

Le T. R. *Grand Orateur* a permis qu'on les introduisît l'un après l'autre, ce qui a été exécuté par le T. V. F. HUE DE BREVAL, faisant les fonctions de Maître des cérémonies, après avoir constaté l'état des Respectables Frères Commissaires pour les Réglemens.

Les

Les Frères porteurs de lettres d'invitation des Secrétaires ayant été introduits, on a annoncé que le Frère LE CLERC, se disant Vénérable, & Député d'une Loge de Lyon, restoit dans le Parvis, & demandoit à être admis aux travaux. Le Président l'a fait introduire ; & lui ayant demandé le sujet de sa visite, le Frère LE CLERC a répondu qu'il desiroit participer à la Fête annoncée ; le T. R. Grand Orateur lui a demandé s'il avoit été convoqué ; ce Frère a répondu que non ; le T. R. Grand Orateur lui a observé que les Frères invités seroient seuls admis ; le Frère LE CLERC a répondu qu'étant Maçon, Député & chargé des pouvoirs de sa Loge, située à l'Orient de Lyon, il étoit venu à l'effet de s'assurer de la vérité des opérations annoncées du Grand Orient de France, & d'en rendre compte à cette Loge, qui se détermineroit d'après son rapport. Le T. R. Grand Orateur a dit qu'il étoit fâché de ne pouvoir l'y admettre, attendu la loi faite, de ne laisser participer aux travaux du Grand Orient que des Maçons réguliers ; que la Loge dont le Frère LE CLERC se disoit Député étoit trop spéculatrice ; que ne s'étant point encore mise en règle, elle ne pouvoit être comptée au nombre des régulières, ni le Frère LE CLERC, son Député, être regardé comme régulier ; qu'il n'avoit point été invité, vu qu'il ne s'étoit point fait reconnoître au Grand Orient, & que la Loge dont il se disoit Député ne s'étoit point fait reconstituer ; qu'en conséquence il le prioit de couvrir la Loge, & d'instruire celle qui l'avoit député qu'il servoit d'exemple à la régularité des travaux du Grand Orient.

Le Frère LE CLERC s'étant retiré, le T. R. *Grand-Orateur* a fait appeler les Frères servans, qu'il a reconnus l'un après l'autre dans leur grade. Le *Secrétaire-Général* en a formé un tableau particulier.

Le *très-Illustre Administrateur-Général* s'étant fait annoncer, le T. R. *Grand-Orateur* a envoyé sept Frères, pour le reconnoître, l'accueillir & l'introduire. Cet illustre Chef — conduit à l'Orient sous la voûte d'acier, le T. R. *Grand-Orateur* lui a présenté le premier maillet, qu'il a accepté.

Le T. V. F. HUE DE BREVAL, faisant les fonctions de *Maître des Cérémonies*, a annoncé que le Banquet étoit servi ; le *très-Illustre Administrateur-Général* a suspendu les travaux.

Tous les Frères se sont rendus dans la Galerie, où s'étoit faite le matin l'inſtallation du *Séréniſſime Grand-Maître*. Elle étoit décorée & éclairée de la même manière que pour cette intéreſſante cérémonie. Le Banquet, dreſſé en doubles parallelles reunies par l'Orient, étoit couvert de criſtaux, décorés de figures, de fleurs & de fruits ; l'Occident ouvert laiſſoit appercevoir dans le fond de la ſeconde ſalle un tableau repréſentant la plus ſalutaire fonction du Patron de nos Ateliers, ſous la décoration de l'Orient de la Chambre d'adminiſtration.

Cette ſeconde ſalle, décorée comme elle l'étoit le matin, étoit éclairée de quatre-vingt-une étoiles, ſuſpendues à des criſtaux myſtérieuſement diſpoſés ; au centre étoit une table deſtinée pour les Frères amateurs de la Loge de la triple harmonie de l'Orient de Paris.

Les Frères ſe placèrent au Banquet dans l'ordre ſuivant.

A L'ORIENT.

LE TRÈS-ILLUSTRE ADMINISTRATEUR GÉNÉRAL

DUC DE LUXEMBOURG.

COLONNE DU NORD.	*COLONNE DU MIDI.*
Le T. R. F. Bacon de la Chevalerie, *Grand Orateur.*	Le T. R. F. Chevalier des Tours, *grand Tréſorier.*
Le T. R. F. Comte de Périgny, *Grand Hoſpitalier.*	Le T. V. F. de la Fage, *ſecond Surveillant de la Chambre de Paris, faiſant les fonctions de Préſident de ladite Chambre.*
Le T. V. F. Baron de Touſſainct, *Secrétaire-Général.*	Le T. V. F. de Mery d'Arcy, *Préſident de la Chambre d'Adminiſtration.*
Le Frère Comte d'Atalaya, *repréſentant le Grand Orient de Portugal.*	Le T. V. F. Abbé Rozier, *Préſident de la Chambre des Provinces.*
Le Frère Marquis de la Jamaïque, *de la Loge de S. Lazare de Paris.*	Le T. V. F. Gardanne, *quatrième Expert de la Chambre d'Adniſtration, & Subſtitut de ſon Orateur.*
Le V. F. Laurenson, *Vénérable en exercice de la Loge du Puy en Velay.*	Le T. V. F. Leroi, *Orateur de la Chambre de Paris.*

COLONNE DU NORD.	COLONNE DU MIDI.
Le Frère Chevalier DE VESIEN, *Visiteur.*	Le T. V. F. LUCADOU, *second Expert de la Chambre des Provinces, & Substitut de son Orateur.*
Le Frère CHEVALIER, *Député & Membre de la Loge du Puy en Velay.*	Le Frère MITOUAR, *Député de la Loge de Limoux.*
Le Frère Comte DES BARRES, *de la Loge de la triple harmonie de Paris.*	Le T. V. F. MORIN, *Secrétaire de la Chambre de Paris.*
Le Frère Abbé RAYMOND, *Député de la Loge de Valence.*	Le Frère ROUSSEL, *de la Loge de S. Lazare.*
Le Frère Abbé ROUETTIER, *de la Loge de la triple harmonie de Paris.*	Le T. V. F. BRUNETEAU, *Trésorier.*
Le Frère PAULET DE BREVILLE, *de la Loge de la triple harmonie de Paris.*	Le Frère GENARD, *de la Loge de la triple harmonie de Paris.*
Le T. V. F. PONCET, *Architecte, Vérificateur de la Caisse.*	Le Frère TASSIN, *de la Loge des Amis réunis de Paris.*
Le T. V. F. LA MARQUE l'Américain, *huitième Expert de la Chambre des Provinces.*	Le F. Abbé DE LA MASILLIERE, *de la Loge de la triple harmonie de Paris.*
Le F. PAILLON, *de la Loge de la triple harmonie de Paris.*	Le Frère VOULF, *de la Loge des Amis réunis de Paris.*
Le F. ARNOULD, *de la Loge de la triple harmonie de Paris.*	Le T. V. F. Chevalier DE FROGER DIGNEAUCOURT, *troisième Expert de la Chambre des Provinces.*
Le Frère DE LA CHAUSSÉE, *de Paris.*	Le T. V. F. JOUBERT DE LA BOURDINIERRE, *troisième Expert de la Chambre de Paris.*
Le T. V. F. THEAULON, *septième Expert de la Chambre de Paris.*	Le T. V. F. DESAINT, *sixième Expert de la Chambre des Provinces.*
Le Frère BAILLI père, *de la Loge de la triple harmonie de Paris.*	Le Frère DES FOSSÉS, *de la Loge de la triple harmonie de Paris.*
Le V. F. CARBONNEL, *second Officier Honoraire du Grand Orient.*	Le Frère BAILLI fils, *de la Loge de la triple harmonie de Paris.*
Le V. F. BUGAREL, *Visiteur.*	Le T. V. F. MANGEAN, *second Expert de la Chambre de Paris.*
Le T. V. F. BAUDSON, *quatrième Expert de la Chambre de Paris.*	Le Frère MANIN, *de la Loge de la triple harmonie de Paris.*

COLONNE DU NORD.	COLONNE DU MIDI.
Le Frère LE MOINE, *de la Loge de la triple harmonie de Paris.*	Le Frère PARISOT, *Député de la Loge de Carcassonne.*
Le T. V. F. MARIETTE, *premier Expert de la Chambre de Paris.*	Le V. F. PONTET, *Vénérable en exercice de la Loge de la bonne union de Paris.*
Le Frère PUISIEUX, *Visiteur; représentant le V. F. PUISIEUX, son père, premier Officier Honoraire du Grand Orient.*	Le Frère DE LESCAYE, *Député de Bruxelles.*
Le T. V. Frère MARIE, *neuvième Expert de la Chambre de Paris.*	Le T. V. F. Abbé JOSSOT, *quatrième Expert de la Chambre des Provinces.*
Le T. V. F. PYRON, *Secrétaire de la Chambre des Provinces.*	Le Frère THIERRIAT, *Maître de Paris.*
Le T. V. F. HUE DE BREVAL, *Garde des Sceaux, faisant les fonctions de Maître des Cérémonies.*	Le Frère PERONTEAU, *Député de la Loge de Montauban.*
Le T. V. F. Chevalier DE BEAUMONT, *neuvième Expert de la Chambre des Provinces, faisant les fonctions de second Surveillant.*	Le T. V. F. Comte DE STROGANOFF, *premier Expert de la Chambre d'Administration, faisant les fonctions de premier Surveillant.*

MUSIQUE *composée de Frères Amateurs, Membres de la Loge de la triple harmonie de Paris.*

Frères LE COCHEZ.	Frères TREVILLIERS, *Député de Lille.*
LE VASSEUR.	LUMIERES.
JAMART.	CHEVALIER.
RIVIERE.	DRAGONDET.
DE FLAGNAC.	JULIEN NOVOIGILE.
BOYARD DE CREUZY.	VARIN.
PICHAUD.	GUIBEZAR fils.
ROCHARTI.	AUBERT.
DREUX.	MANEN.
LOISEAU.	

Vingt Frères servans.

Tous lesquels Frères font partie des Officiers du Grand Orient, & des Députés connus de Loges de Province, qui sont à Paris, & q ui ont tous été convoqués, favoir, les premiers, au nombre de *66*, & les Députés, au nombre de *69*.

Les travaux de la feconde Efquiffe, qui avoient été fufpendus, ont été repris vers le milieu du Banquet, à dix heures du foir.

On a commencé à célébrer les fantés; la première, celle de Louis XV, notre Augufte Monarque, & de la Famille Royale. Tous les Frères fe font empreffés à marquer les fymboles de leur attachement & de leur refpect pour le Roi, & les applaudiffemens myftérieufement répétés ont été accompagnés des vœux les plus finceres pour la confervation des jours précieux de Sa Majefté, la gloire de fon règne, & la profpérité de l'Etat.

La feconde, celle du S. T. R. & T. C. F. Louis-Philippe-Joseph d'Orléans, Duc de Chartres, *Prince du Sang, Grand-Maître*. Les applaudiffemens réitérés par les nombres myftérieux caractérisèrent le zèle le plus vif, le plus fincere & le plus fraternel ; il ne manquoit à nos Frères, pour combler leur bonheur, que l'avantage d'avoir ce refpectable Chef pour témoin de leur fatisfaction.

La troifième, celle du T. I. T. R. & T. C. F. Anne-Charles-Sigismond de Montmorency Luxembourg, Duc de Luxembourg, *Adminiftrateur Général*. Chaque Frère marqua, par la précifion du travail, fon attachement pour cet illuftre Chef, fa reconnoiffance & le plaifir que fa préfence infpiroit.

Cette fanté fut propofée par les T. V. F. Surveillans; on y joignit celle des grands Maîtres de tous les Orients Etrangers.

La quatrième, celle des Surveillans, à laquelle on joignit celle des Officiers d'Honneur du grand Orient.

La cinquième, celle des Officiers de la Chambre d'Adminiftration.

La fixième, celle des Officiers de la Chambre de Paris.

La feptième celle des Officiers de la Chambre des Provinces.

Le très-Illuftre *Adminiftrateur-Général* a proclamé folennellement pour la troifième fois l'Inftallation du *Séréniffime grand-Maître*.

Cette proclamation fut fucceffivement répétée par les deux Surveillans, & fuivie d'un applaudiffement général, répété par les nombres les plus parfaits.

Le T. V. F. Baron de Toussainct, *Secrétaire-Général*, a été fpécialement chargé par le grand Orient, de faire paſſer à toutes les Loges de la Correſpondance, le Tableau ſatisfaiſant & complet de toutes les opérations de ce jour à jamais mémorable parmi les Maçons, & de leur faire ſavoir que l'intention du grand Orient étoit que chacune d'elles en fît regiſtre dans ſes Archives, & en accuſât la réception.

Le *très-Illuſtre Adminiſtrateur-Général* a fait célébrer la naiſſance & la ſanté du Sérénissime Prince Duc de Valois, fils unique & nouveau né du *Séréniſſime Grand-Maître*; l'unité des ſentimens les plus affectueux pour ce jeune Prince, lui a procuré un applaudiſſement ſemblable à celui de la proclamation de l'Inſtallation du *Séréniſſime Grand-Maître*.

Le Frère le Vasseur a chanté un Cantique, dont le T. V. F. *Abbé* Rozier a compoſé les paroles.

Les Amateurs, membres de la Loge de la triple Harmonie, ont exécuté en muſique un divertiſſement en trois actes.

Le Frère Cochet, de la même Loge, & le Frère Pontet ont chanté chacun un Cantique de leur compoſition.

Ces témoignages du zèle maçonique, ont été reçus avec un applaudiſſement général.

Le *très-Illuſtre Adminiſtrateur-Général* a demandé des certificats du grand Orient, pour les Frères Comtes de Polanowsky & de Wielhorsky, Membres de la Loge de S. Lazare de l'Orient de Paris; le T. V. F. *Secrétaire-Général* a été chargé de leur en faire expédier.

Enfin la dernière ſanté d'obligation, celle de tous les frères répandus ſur la ſurface de la terre, a été célébrée par le Cantique de l'Ordre chanté par le T. V. F. Baron de Toussainct ; & après que la préſente planche à tracer a été revêtue des ſignatures de tous les Frères mentionnés dans les divers Tableaux qui y ſont joints, tous les travaux de ce jour glorieux pour notre Ordre, ont été heureuſement terminés, au ſein de la paix, de l'union & de l'harmonie, le cinquième jour de la troiſième ſemaine du huitième mois de l'an de la vraie lumière cinq mil ſept cent ſoixante-treize.

Timbré & Scellé par Nous
GARDE des Timbre & Sceaux
du Grand-Orient de France.

PAR MANDEMENT
du Grand - Orient de
France.

Secrétaire-Général.